Couvertures supérieure et inférieure
manquantes

LE SIÈGE

DE

SAINT-AMOUR

EN 1637

ÉPISODE DE LA GUERRE DE DIX-ANS, EN FRANCHE-COMTÉ DE BOURGOGNE

PAR

M. CORNEILLE St-MARC

PRINCIPAL DU COLLÉGE DE SAINT-AMOUR, OFFICIER DE
L'INSTRUCTION PUBLIQUE, ETC.

Ouvrage auquel la Société d'agriculture, sciences et arts de Poligny
a décerné une Médaille de 1re classe.

POLIGNY
IMPRIMERIE DE G. MARESCHAL.
1864

LE SIÈGE

DE SAINT-AMOUR

EN 1637

J'entreprends de retracer l'histoire de l'un des épisodes les plus intéressants et cependant le moins connu peut-être, de la guerre de Dix-Ans en Franche-Comté : le siège de la ville de Saint-Amour, en 1637. Mais auparavant, je dois entrer dans quelques détails qui faciliteront, je crois, l'intelligence de mon récit.

I.

Saint-Amour est une des plus anciennes villes du Jura : il existait longtemps avant l'occupation romaine, comme le prouvent les nombreuses monnaies au type grec et gaulois trouvées sur son territoire. On l'appelait Vincenniacum ou Vinciacum; ce dernier nom lui est encore donné dans une charte de 930. S'il faut en croire Dom Grappin, sa position dans un pays charmant, sur un côteau au pied duquel s'étendent les vastes plaines de la Bresse, et où commence la riche région du vignoble, lui a valu le nom de *Vincenne-la-Jolie*, tradition acceptée par tous les écrivains qui se sont occupés de notre ville.

Comment et à quelle époque ce nom si gracieux de Vincenne-la-Jolie fut-il remplacé par celui non moins gracieux de Saint-Amour?

Voici ce que raconte à ce sujet l'histoire ou la légende :

Au mois d'août 585, Gontran, roi de Bourgogne, revenant de l'abbaye de Saint-Maurice d'Agonne, en rapportait les reliques de deux saints de la légion thébaine, saint Amator et saint Viator. Assailli par une tempête sur le lac de Genève, il fit vœu, s'il échappait au péril, de bâtir en l'honneur des deux martyrs, une église dans la première ville de ses Etats qu'il rencontrerait sur son passage. Or, cette ville privilégiée fut Vinciacum. Le prince y éleva une église consacrée à saint Amator, dont par une légère contraction, on a fait Saint-Amour; ce nom finit par prévaloir et devint celui de la ville moderne qui, encore aujourd'hui, a pour patrons saint Amour et saint Viator.

Pour en finir avec les noms divers qu'elle a portés, disons qu'en 1793, époque de néfaste mémoire, où l'on proscrivait tout ce qui rappelait une idée religieuse, on l'appela *Franc-Amour*, nom assez bizarre, qu'elle conserva officiellement pendant deux ans.

II.

Lorsque Gontran eut fondé sur le territoire de l'ancien Vinciacum, l'église consacrée par lui à saint Amour et à saint Viator, il en fit don à l'évêque et au chapitre de Saint-Vincent de Mâcon. Ils devinrent ainsi les premiers seigneurs de la ville moderne qui se forma autour de la nouvelle basilique. Ils la conservèrent jusqu'en 930; alors ils la cédèrent, à titre d'échange, à Albéric de Narbonne, comte de Mâcon, qui fut la tige de la maison de Salins.

Depuis cette époque, la seigneurie de Saint-Amour a appartenu à six maisons, toutes d'une grande illustration, savoir : celles de Salins, de Laubepin, de Toulongeon, de Damas, de la Baume-Saint-Amour, et enfin celle de Choiseuil, qui la possédait encore en 1789.

La seigneurie de Saint-Amour comprenait la petite ville de ce nom, chef-lieu de sa terre, avec son territoire et celui d'Allonal, les villages de Balanod et de Montagna-le-Reconduit, qui plus tard formèrent la baronie de Château-Neuf, dépendante du comté de Saint-Amour.

Les seigneurs de Saint-Amour portèrent d'abord le titre de *Baron*. En 1570, la terre fut érigée en Comté, en faveur de Louis de la Baume, par Philippe II, roi d'Espagne. Ils jouissaient de tous les droits féodaux appartenant aux seigneurs hauts-justiciers, et relevaient directement des sires de Salins.

Lors du partage que le comte de Châlon, surnommé le Sage ou l'Antique, fit de ses biens entre ses fils, en 1262, la terre de Saint-Amour, qui était une des plus importantes de la province, fut comprise parmi les fiefs de la baronie d'Orgelet, dans la mouvance de laquelle elle est toujours restée depuis.

III.

Le plus célèbre entre tous les seigneurs de Saint-Amour fut, sans contredit, Philibert de la Baume, un des personnages les plus considérables de son temps (1).

Il fut le bienfaiteur de sa ville de Saint-Amour : agriculture, industrie, commerce, tout fut encouragé et vivifié par lui. Il fit venir à grands frais, d'Espagne et d'Angleterre, des bêtes à laine, à l'aide desquelles il améliora les races de Saint-Amour et des montagnes voisines ; il propagea la culture du mûrier, malheureusement abandonnée aujourd'hui ; il remplaça dans ses bois le châtaignier par de beaux marronniers du Dauphiné, dont les fruits sont si connus dans le commerce, sous le nom de *marrons de Lyon*. Il ouvrit à Montagna une carrière de marbre dont les produits décorèrent son château et les églises de sa seigneurie. Ce n'était point assez pour l'activité de Philibert : il appela de nombreux ouvriers étrangers ; on vit s'élever comme par enchantement des ateliers divers, des forges, des poteries, des moulins, des foules, des chapelleries où l'on fabriqua les premiers chapeaux qui aient paru dans la Franche-Comté. Il établit des manufactures d'étoffes de laine et de toiles peintes qui utilisèrent les propriétés des eaux du Souget, méconnues aujourd'hui. Il fallait des débouchés pour tant d'industries diverses.

Philibert obtint de Charles-Quint des lettres patentes, datées du 15 juin 1549, par lesquelles furent établies deux foires annuelles qui devinrent l'entrepôt d'un commerce considérable.

Tant de vues, tant de travaux n'empêchèrent point Philibert de se livrer à son amour pour les lettres, qu'il avait contracté à la Cour de

---

(1) Philibert de la Baume était seigneur de Montfalconnet et de Saudrens, baron de St-Amour, comte de Coligny-le-Neuf, chevalier de l'ordre de St-Jacques, commandeur d'Orège, en Espagne : grand-maître et premier maître-d'hôtel de Charles-Quint ; conseiller et chambellan ordinaire d'Emmanuel-Philibert, duc de Savoie, son gouverneur et lieutenant-général en Bresse et en Bugey. Enfin, il fut en 1539, nommé grand bailly de Bresse par François Ier. Outre toutes ces charges, il commanda plusieurs fois les armées de Charles-Quint et fut son ambassadeur dans diverses Cours de l'Europe et notamment en Angleterre, auprès de Henri VIII. Il mourut en 1570, sans avoir été marié ; il laissa ses vastes domaines à son cousin Louis de la Baume, celui-là même en faveur duquel la terre de Saint-Amour fut érigée en Comté.

Charles-Quint, une des plus brillantes d'alors. Il se plaisait à réunir dans son château les écrivains et les artistes assez nombreux à Saint-Amour, qui comptait alors plus de trois mille âmes de population.

On y voyait un hôpital fondé par Guillaume de Saint-Amour, l'un des plus savants docteurs du moyen-âge, un collège, quatre riches monastères et un chapitre collégial établi dans l'église paroissiale.

Gilbert Cousin, de Nozeroy, qui fut témoin de cet état prospère, dit en parlant de Saint-Amour, dans sa *Description de la Franche-Comté*, écrite en 1550 :

« Vincenne, qu'on appelle aujourd'hui Saint-Amour, place marchande
« très-remarquable, illustre à jamais par la naissance de Guillaume de
« Saint-Amour, qui écrivit, contre l'hérésie des frères mendiants, trois
« livres auxquels il a donné ce titre : *Des Périls de notre temps*. Il vécut
« sous Saint-Louis. Saint-Amour a pour seigneur Philibert de la Baume,
« baron de Montfalconnet, maître-d'hôtel de Charles-Quint, et com-
« mandeur de l'ordre de Saint-Jacques. Cette ville est encore remar-
« quable par plusieurs personnages distingués par leur mérite.

« *Et par leur connaissance de la langue latine et de celle des Grecs.* »

Telle était la prospérité que Saint-Amour devait à Philibert, et dont il jouissait encore lors du siège de 1637.

IV.

Saint-Amour, situé sur les confins de la Bresse et de la Franche-Comté, à l'entrée du bailliage d'Aval, était regardé de ce côté comme une des principales clefs de la province. Aussi, dès les temps anciens nous le voyons entouré de remparts.

L'église, élevée par Gontran fut, ainsi que le bourg qui l'entourait, renfermée dans une enceinte fortifiée, afin de mettre à l'abri de toute attaque les précieuses reliques qu'elle renfermait. Il est à croire que cette construction fut due aux soins des évêques et des chanoines de Saint-Vincent de Mâcon, alors co-seigneurs de Saint-Amour.

Albéric de Narbonne, à son tour, voulut protéger ses nouveaux domaines contre les incursions des Sarrasins, établis dans le voisinage ; il répara les remparts et construisit une *maison forte* qui servit de citadelle à la ville.

Depuis, les seigneurs qui ont successivement possédé Saint-Amour, placèrent au rang de leurs premiers soins celui d'entretenir les remparts et le château; ils étaient bien secondés en cela par les bourgeois de la ville, érigée en commune.

En 1556, pendant les guerres de religion, Philippe II, roi d'Espagne, par lettres patentes données à Gand, le 19 septembre, autorisa les bourgeois de Saint-Amour « à relever les fortifications de leur ville et à
« consacrer à cette dépense, pendant vingt années, outre les revenus de
« ladite ville et le produit de la gabelle ordinaire du sel, qui ne s'élèvent
« ensemble qu'à sept ou huit vingts francs par an, leur portion contin-
« gente des dons gratuits qui, pendant ce temps seront accordés par les
« Etats du comté. »

Ces remparts, dont il est facile de suivre le tracé par les vestiges assez considérables qui en restent, étaient flanqués de tours, dont quelques-unes existent encore aujourd'hui, entr'autres, celle de Guillaume de Saint-Amour, parfaitement conservée, et qui, dit-on, servait de cabinet de travail au savant docteur. Il y avait quatre portes garnies de herse et de pont-levis; elles n'ont été entièrement détruites que de nos jours; la démolition de celle de la rue du Châtelet ne date que de 1811.

Le château, composé d'un donjon et d'une forteresse, était bâti sur l'éminence où se trouve aujourd'hui la belle promenade de la Chevalerie; il était flanqué de fortes tours et entouré de murailles que baignaient les eaux d'un large fossé. Une de ces tours, en très-bon état, se voit encore dans le jardin de M. Pélagey.

Les remparts n'ont été démolis et les autres défenses du château entièrement détruites que lorsque Louis XIV, devenu maître de la Franche-Comté, en fit renverser les châteaux et les forteresses qui lui portaient ombrage.

Sur le sommet de la montagne, à l'Est de Saint-Amour et à une très-petite distance de la ville, s'élevait le château de Laubepin, dont une vieille tour restée debout, domine encore orgueilleusement la contrée. Gollut le plaçait au nombre des châteaux les plus forts du bailliage d'Aval. On pouvait le regarder comme faisant partie du système de défense de Saint-Amour, dont il augmentait considérablement l'importance militaire.

V.

Saint-Amour éprouva plus d'une fois le destin des villes frontières, et fut souvent ravagé par la guerre.

Il fut incendié par l'armée de Louis XI, en 1477, lorsque ce prince voulut s'emparer du comté de Bourgogne, après la mort de Charles-le-Téméraire.

Le duc de Biron, général de Henri IV, l'occupa militairement pendant quelques mois, en 1695. Le roi s'y rendit lui-même en revenant de Saint-Claude, et y passa trois jours avec la belle Gabrielle, intéressée à la conquête de la Franche-Comté qui lui était promise pour l'apanage de César de Vendôme, son fils aîné.

Le duc de Longueville s'en empara pour Louis XIII, après un siège de plusieurs jours, en 1637.

Enfin, il fut pris de nouveau en 1668, par le comte d'Apchon, et une dernière fois en 1674, par le duc de Bellegarde, tous les deux généraux de Louis XIV.

Réuni définitivement à la France en 1678, par le traité de Nimègue, il a bientôt cessé d'être une place de guerre, au grand avantage de ses habitants.

De tous les faits militaires que nous venons de rapporter, le plus important et le plus glorieux pour l'histoire de Saint-Amour, c'est le siège de 1637 que nous allons raconter, en réclamant d'avance l'indulgence du lecteur.

VI.

Pendant la période française de la guerre de Trente-Ans, lorsque toute l'Europe était en feu, Louis XIII, ou plutôt Richelieu, régnait sur la France, et Philippe IV était roi d'Espagne. Ces deux puissances prenaient l'une contre l'autre une part active aux hostilités. Richelieu voulait l'abaissement de la maison d'Autriche; il voulait aussi pour la France cette Franche-Comté convoitée dès longtemps par Louis XI et par Henri IV qui, comme lui, avaient compris que les monts Jura devaient être les frontières de leurs Etats. Le cardinal ne cherchait qu'une occasion pour envahir notre province, malgré les traités qui en avaient proclamé la neutralité. Les prétextes ne manquent jamais à un ennemi puissant :

ce furent d'abord le passage accordé, à travers le comté de Bourgogne, et les honneurs rendus au duc d'Orléans fuyant devant les armées françaises; plus tard, ce fut encore l'asile donné au duc de Lorraine dépouillé de ses Etats par Louis XIII; puis, quatre régiments franc-comtois soumis au roi d'Espagne, malgré la neutralité.

Il n'en fallait pas tant à Richelieu : la Franche-Comté envahie devint le théâtre d'une lutte héroïque dans laquelle ses habitants abandonnés à leurs propres forces, soutenus seulement par leur amour pour leur souverain, résistèrent pendant dix années (1632-1642), et souvent avec succès, aux nombreuses armées de la France. C'est cette lutte que Girardot, de Nozeroy, nous a retracée dans son *Histoire de Dix-Ans de la Franche-Comté de Bourgogne*, et dont nous voulons raconter nous-même un des épisodes les plus intéressants. Nous ne dirons de l'histoire générale que ce qui se rattache à l'évènement dont nous allons faire le récit. Nous ne parlerons donc point des faits qui signalèrent les premières années de la guerre, et nous abordons immédiatement ceux qui amenèrent le siège de Saint-Amour.

Dès les premiers jours du mois d'août 1636, le prince de Condé se présenta devant Dole, à la tête d'une nombreuse armée. On sait comment cette ville, défendue par son Parlement et des bourgeois peu aguerris, trouva dans sa fidélité et son courage assez de force pour résister à un ennemi puissant, et obligea le général français à lever le siège, après deux mois de combats opiniâtres. A la suite de cet échec, le duc Henri de Longueville, le mari de la célèbre héroïne des guerres de la Fronde, remplaça Condé dans son commandement.

Le marquis de Conflans, de la maison de Wateville, alliée à celle des comtes de Saint-Amour, était à la tête des troupes de la province, avec le titre de maréchal de camp général. C'était un seigneur plein de sagesse et de valeur; quoique âgé de soixante-quatre ans, il conservait une grande vigueur de corps et d'esprit. Il avait appris le grand art de la guerre sous le duc de Savoie, Charles-Emmanuel, un des plus grands généraux de son temps.

Cependant, malgré son expérience et ses talents militaires, le marquis de Conflans commit une grande faute au commencement de l'année 1637.

Cédant presque malgré lui à des influences puissantes, il résolut de s'emparer du château de Cornod, placé comme une sentinelle avancée, au fond d'un ravin, sur les limites de la Bresse et du comté de Bourgogne, à 20 kilomètres environ de Saint-Amour. Cette tentative téméraire eut lieu malgré l'avis de plusieurs officiers expérimentés qui en prévoyaient le résultat, et que de Conflans eut le grand tort de ne pas écouter. En effet, le baron de Thiange, général français, s'avança au secours de la place, dont les abords n'étaient même pas gardés, et le 13 mars il défit complètement l'armée franc-comtoise : six cents hommes, dont plusieurs officiers de marque, restèrent sur la place ; les blessés furent plus nombreux encore ; l'hôpital et même les monastères de Saint-Amour en furent encombrés.

VII.

Les français se hâtèrent de profiter de leur victoire, et le duc de Longueville marcha contre Saint-Amour, première ville du bailliage d'Aval.

Depuis le commencement des hostilités, les habitants avaient prévu qu'ils seraient attaqués. Le 4 septembre 1636, leurs échevins avaient écrit au magistrat de Lons-le-Saunier, pour demander du secours dans le cas où ils seraient assiégés. Le mayeur et les échevins de Lons-le-Saunier s'empressèrent de leur répondre par une lettre du 7 septembre, dont la copie se trouve dans les archives de Lons-le-Saunier ; après avoir cherché à calmer les inquiétudes de leurs voisins, ils ajoutaient :

« Ce n'est pas néanmoins que vous ne preniez les moyens de nous em-
« ployer en ce que nous pourrons pour votre service, puisque nous vous
« offrons cordialement tous nos pouvoirs, comme à une ville qui nous a
« obligés de tous temps. »

Ce ne fut que l'année suivante que les craintes des habitants de Saint-Amour se réalisèrent ; mais alors Lons-le-Saunier, menacé lui-même par les armes du duc de Longueville, n'était guère en état de secourir les autres.

Informé de l'approche du duc de Longueville, le marquis de Conflans pourvut à la défense de Saint-Amour. Il en donna le commandement au capitaine de Goux, brave militaire qui avait fait ses preuves en plus d'une occasion. Il était fils du sieur de Goux, trésorier général de Bourgogne, qui, au commencement de la guerre, leva à ses frais un régiment dont il prit le commandement, et dans lequel il n'y eut d'autres capitaines que ses enfants. Un tiers environ de ce régiment fut posté à Saint-Amour, à Laubepin et dans les environs.

Le château avait été mis sous les ordres de Beauregard, *viel soldat, capitaine de cavalerie.*

A ces deux officiers était adjoint Claude Le Vieux, appartenant à l'une des plus anciennes et des plus honorables familles de Saint-Amour : il avait fait, en qualité de capitaine d'infanterie, les campagnes de France et d'Italie, sous le feu comte de Saint-Amour, Emmanuel-Philibert, son colonel. Il commandait les milices de la ville ; il paraît même certain qu'il avait un commandement supérieur dans les troupes de la garnison ; ses concitoyens avaient une grande confiance dans sa bravoure et dans ses talents militaires ; c'est surtout sur lui qu'ils comptaient pour la défense de la place (1).

La garnison était faible et insuffisante, mais elle fut bien secondée par les bourgeois organisés en milice ; ils combattirent glorieusement à côté de la troupe, sous les ordres d'anciens officiers qui avaient servi avec distinction dans les armées espagnoles, et entre lesquels il faut distinger les deux Colombet, l'oncle et le neveu, qui contribuèrent beaucoup, par leur valeur, à la prolongation de la résistance (2).

Dans ces circonstances mémorables, le comte de Saint-Amour était Jacques-Nicolas de la Beaume, un des plus vaillants hommes de guerre de son temps, qui plus tard se couvrit de gloire à la bataille de Lens (1648), où il commandait l'infanterie espagnole (3).

Il avait épousé Marie de Porcellet de Mallianne, d'une des plus nobles familles de la Franche-Comté ; elle était fille d'André de Porcellet, seigneur de Mallianne, Valhey, Ville-de-Sainte-Marie, maréchal de Barrois,

---

(1) Voir, sur Claude Le Vieux, la note page 20.

(2) La famille Colombet a donné plusieurs personnages remarquables. Nous citerons seulement Antoine Colombet, aussi habile jurisconsulte que savant écrivain. Il fut, au 16ᵐᵉ siècle, une des gloires du barreau de Bourg. — Nicolas Colombet, licencié en Sorbonne, prieur de Coligny, principal du collège de Bourgogne, à Paris. Il était né à Saint-Amour en 1623.

(3) Jacques-Nicolas de la Beaume, né en 1603. — Il servit 25 années dans les armées ; il commença par être simple soldat ; il devint successivement maître de camp d'infanterie, sergent général de bataille, capitaine général d'artillerie, etc. Il fut gentilhomme ordinaire du roi d'Espagne, chevalier de la Toison-d'Or, gouverneur du comté de Bourgogne et de Dole en particulier.

et d'Elisabeth de Cernay, son épouse. A la beauté, à l'esprit et à toutes les qualités du cœur, la jeune châtelaine de Saint-Amour unissait une force d'âme peu commune, comme nous le verrons bientôt.

Malheureusement Jacques de la Baume, dont la valeur, en ces jours de péril, eut été si utile à Saint-Amour, était absent : il était en Flandre, à la tête de son régiment, pour le service du roi d'Espagne; mais son épouse et ses trois enfants en bas âge n'avaient point quitté le château de Saint-Amour, leur séjour ordinaire.

VIII.

Lorsque l'on connut à Saint-Amour l'approche du duc de Longueville, l'effroi fut grand au premier instant. Le château était en bon état de défense, mais les murailles de la ville, bâties à l'antique, étaient ouvertes en plusieurs endroits, et quoique par le soin de de Goux, les retrahans eussent réparé les brèches, la ville ne paraissait guère en état de soutenir un siège. En outre, la garnison était trop faible pour repousser une armée aussi forte que celle des français, et après le désastre de Cornod, des secours étaient au moins douteux. Cependant, les bourgeois n'écoutant que leur amour pour leur prince, le roi d'Espagne, rejetèrent bientôt toute crainte et se préparèrent à la défense. Mais auparavant, il fallait éloigner les femmes et les enfants dont la présence, au moment du danger, aurait pu affaiblir leur courage.

La jeune comtesse de Saint-Amour, digne épouse d'un soldat, avait résolu de rester au milieu de ses vassaux et de partager leurs périls. Mais forte pour elle-même, elle redoutait les dangers d'un siège pour ses trois jeunes enfants. Ne voulant pas les y exposer, elle les avait envoyés dans les Dombes, au château de Saint-Paul de Varax, qui appartenait alors au marquis de Vertemboz, parent de sa famille. Les bourgeois arrêtèrent qu'ils suivraient l'exemple de leur châtelaine, et que les plus jeunes femmes et tous les enfants seraient conduits à Saint-Paul de Varax, où, par les soins de la comtesse, un asile leur était assuré. Les autres femmes devaient rester à Saint-Amour, afin de pourvoir aux besoins des défenseurs de la patrie. Un respectable prêtre, le doyen du chapitre, Humbert Le Vieux, s'était chargé de conduire les fugitives au lieu de leur exil. Mais le moment du départ arrivé, les malheureuses mères désignées pour rester, refusaient à cet instant douloureux de se séparer de leurs enfants, et celles qui devaient s'éloigner ne pouvaient s'arracher des bras de leurs parents.

Alors parut au milieu de cette foule éplorée, la dame de Saint-Amour, accompagnée du bailli de Branges, auquel son caractère, encore plus que sa place, donnait une grande autorité. Le bailli fit entendre des paroles d'une paternelle fermeté, réclamant au nom de l'intérêt de tous la soumission aux décisions du Conseil de la commune, tandis que la jeune châtelaine adressait à chacune de ces femmes quelques mots d'encouragement et de consolation. A celles qui partaient, elle remontrait combien elles étaient heureuses de ne pas se séparer de leurs enfants; à celles qui restaient, elle rappelait ce qu'elles devaient à leurs pères, à leurs frères, à leurs époux qui se dévouaient pour la défense commune; à toutes, elle disait ce qu'elle avait fait pour assurer aux exilées une retraite sûre et tranquille.

La voix de cette jeune femme, séparée elle-même de son époux et de ses enfants, qui oubliait ses propres malheurs pour les consoler, fit rentrer la résignation dans tous les cœurs. Ces femmes, naguère révoltées contre des ordres qu'elles accusaient de cruauté et d'injustice, annoncèrent qu'elles étaient prêtes à obéir. — Partons, mes chers enfants, dit alors le vieux doyen, mais auparavant recevez ma bénédiction; Dieu est avec vous, il récompensera votre soumission; marchez en paix. Le bailli de Branges donna le signal; sous sa conduite et celle du digne ecclésiastique, le triste cortège emportant les archives de la ville, le dépôt de la fortune d'un grand nombre de citoyens et jusqu'aux cloches de l'église paroissiale, se mit en marche, sous la protection d'une escorte choisie.

IX.

Cette émigration ne fut pas la seule : les religieuses Annonciades redoutant les périls d'un siège, et dont le monastère était d'ailleurs rempli de blessés de Cornod, allèrent chercher un asile à Lyon. Elles y furent conduites par le Père Louis, capucin, leur directeur, et par le chanoine Tribillet. Le docteur Chappuis, leur médecin et le fondateur de leur monastère, ne voulut point les abandonner avant qu'elles ne fussent rendues en sûreté dans la retraite qu'il leur avait assurée.

Chappuis jouissait, comme chirurgien, d'une réputation méritée; il avait rendu la santé à l'archevêque de Lyon, le cardinal de Richelieu, frère du célèbre ministre. Le prélat s'en était toujours montré reconnaissant, et Chappuis conservait auprès de lui un grand crédit, dont il se servit en faveur de ses protégées. Il obtint pour elles une habitation qui plus tard fut érigée en monastère de leur ordre. Avant la Révolution, on lisait encore au-dessus de la porte de ce couvent : *Annonciades de Saint-Amour*.

Chappuis, après avoir pourvu à la sûreté des religieuses, voulut revenir à St-Amour, où étaient déjà rentrés le bailli de Branges et son escorte : il regardait comme un devoir de ne point séparer son sort de celui de ses compatriotes. Mais il trouva la place investie déjà par l'armée française. Il se fit conduire devant le duc de Longueville et soliicita, comme une faveur, l'autorisation de rentrer dans la ville pour porter à ses frères les secours de son art. Le duc comprit un si noble dévouement, et donnant à Chappuis une sauvegarde pour le conduire jusqu'aux portes de Saint-Amour : — Allez, lui dit-il, éclairez les assiégés sur leur position, et conseillez leur de se rendre sans retard, s'ils veulent éviter de grands malheurs. — Monseigneur, répondit le courageux médecin, je ne saurais vous le promettre; je ne puis que soigner mes compatriotes, les engager à faire fidèlement leur devoir, et mourir avec eux.

Noble réponse, digne des héros de Plutarque.

X.

Cependant le moment fatal était arrivé : le duc de Longueville ayant hâté la venue de son artillerie, autant que l'avait permis le mauvais état des chemins, arriva devant la place le 29 mars 1637; aussitôt il la fit investir par trois endroits, la porte Guichon, la porte de Cuiseaux et la porte de Bresse. Le même jour on éleva, près du couvent des Capucins, situé hors la ville, sur la route de Cuiseaux, une batterie d'où l'on tira, mais sans grands résultats, quelques volées de canon contre les remparts.

Le lendemain, les français attaquèrent la place par le faubourg, c'est-à-dire du côté de la porte Guichon. Quoique le pétard attaché à cette porte eût fait une bien petite ouverture, ils s'apprêtaient à forcer le passage, lorsque le duc de Longueville fut informé que le marquis de Conflans ayant réuni les débris de Cornod, auxquels s'était joint un corps de cavalerie que le duc de Lorraine avait mis à ses ordres, s'avançait en toute hâte du côté de Lons-le-Saunier, pour secourir Saint-Amour à tout prix.

A cette nouvelle, le duc changea ses dispositions. Ne voulant pas donner au général franc-comtois le temps d'arriver, il envoya au-devant de lui le sieur de Guitry, maréchal de camp, avec des forces suffisantes pour l'arrêter. En même temps, il ordonna au vicomte d'Arpajon, aussi maréchal de camp, de presser le siège avec la plus grande vigueur.

La brèche était praticable, nous l'avons dit; aussi sans plus attendre, d'Arpajon fit sommer, par un tambour, les assiégés de se rendre, s'ils ne voulaient être passés au fil de l'épée. On se rappela ce que le marquis de Conflans avait dit, un an auparavant, aux dolois en semblable occasion : « Une place qui parlemente est à demi rendue. » La proposition fut donc rejetée sans hésitation.

Cependant, pendant la nuit suivante, un conseil de guerre fut tenu dans la ville ; on examina l'état de la place et ses moyens de défense : la brèche était ouverte, la garnison, bien peu nombreuse, se trouvait réduite encore par le combat de la veille, les bourgeois eux-mêmes avaient fait des pertes sensibles. Les militaires et le docteur Chappuis, qui ne croyaient pas qu'il fut possible de tenir plus longtemps, étaient d'avis de capituler pendant qu'il en était temps encore. Mais les officiers bourgeois, plus présomptueux ou plus inexpérimentés, n'ignorant point d'ailleurs que le marquis de Conflans marchait à leur secours, repoussèrent ce sage conseil : il fut résolu que la défense continuerait.

Le combat recommença donc avec un nouvel acharnement, le lendemain 31 mars. De Goux, Beauregard, Le Vieux et les deux Colombet, désireux de prouver que c'était dans l'intérêt de la ville et non par crainte qu'ils avaient proposé de capituler, déployèrent une valeur plus grande que jamais, et se portèrent partout au plus fort du danger. De leur côté, les bourgeois n'oubliant pas que c'était par leur avis que la défense se prolongeait, rivalisèrent de courage avec les militaires. Parmi eux se distinguèrent les chanoines Mercier, Desgland et Amour Teppe, qui n'avaient pas quitté le baudrier depuis vingt-quatre heures.

Alors, au moment où la lutte était le plus animée, les femmes restées dans la ville accourent sur le rempart; avec un courage au-dessus de leur sexe, elles se jettent au milieu de la mitraille, distribuant aux combattants, épuisés par la fatigue et le besoin, des vivres, de l'eau-de-vie pour ranimer leurs forces, de la poudre et du plomb pour continuer la bataille. A leur tête, la dame de Saint-Amour les encourage par son exemple; de ses faibles mains, elle panse les blessures de ceux qu'a frappés le fer ennemi, en même temps que par ses exhortations elle ranime ou entretient l'ardeur de ceux qui sont encore en état de combattre. Dévouement héroïque que rappelle si bien la charité évangélique de ces pieuses filles de Saint-Vincent, que l'on retrouve sur tous les champs de bataille, prodiguant à nos soldats leurs soins et leurs consolations.

XI.

Mais si la défense est vive, l'attaque ne l'est pas moins; plus de soixante volées de canon avaient élargi la brèche; pour la seconde fois, un parlementaire vient offrir une honorable capitulation. De Goux refuse; derrière le rempart abattu, il faisait élever un nouveau retranchement auquel chacun travaillait avec ardeur, lorsque, frappé d'un coup de canon, il tombe de la mort des braves. La résistance faiblit, les français en profitent et montent à l'assaut. Mais les assiégés, ébranlés un instant par la mort du gouverneur, reprennent courage; la mêlée est affreuse, des troupes fraîches arrivent à chaque instant au secours des français; accablés par le nombre, les assiégés reculent, et le duc de Longueville entre le quatrième par la brèche : la ville était prise.

Cependant la bataille n'était pas finie : elle continua dans les rues, où l'on se battit avec le même acharnement que sur les remparts; près de quatre cents hommes de la garnison et des milices bourgeoises, disputant le terrain pied à pied, furent massacrés après avoir vendu chèrement leur vie. D'autres se réfugièrent dans l'église paroissiale, où ils résistèrent quelque temps avec la valeur du désespoir; enfin la porte fut forcée et tous furent mis à mort; un seul échappa au carnage, l'abbé Mercier, que la Providence conserva presque miraculeusement pour qu'il rendit témoignage à la mémoire et au courage de ses concitoyens.

XII.

Six cents hommes environ, tant des habitants que de la garnison, se renfermèrent sous les ordres de Beauregard et de Le Vieux, dans le château qui, mieux fortifié que la ville, était en état de tenir plus longtemps. Ils pensaient d'ailleurs que le marquis de Conflans ne pouvait être loin, ce qui les engageait à prolonger leur défense.

Mais nous avons vu que d'après les ordres du duc de Longueville, Guitry s'était porté au-devant du marquis. La rencontre eut lieu le 1er avril, dans les environs de Sainte-Agnès, bourg entre Lons-le-Saunier et Cuiseaux. La victoire fut longtemps disputée; enfin, après une honorable résistance, les comtois vaincus durent renoncer à tout espoir de secourir Saint-Amour.

Cependant, dès la veille (31 mars), le duc de Longueville, informé par un message de Guitry que le marquis de Conflans se montrait disposé à tenir ferme, était monté à cheval immédiatement après la prise de Saint-Amour. Arrivé au lieu du combat, il y apprit la déroute des ennemis; un nouvel engagement eut encore lieu dans la matinée du 2 avril; il détermina l'entière retraite des franc-comtois.

N'ayant plus rien à craindre de ce côté, le duc, suivi de toutes ses troupes, se hâta de retourner à Saint-Amour, où il arriva sur les quatre heures de l'après-midi. Il trouva le château investi par les troupes qu'il y avait laissées. A son approche, les assiégés entendant le bruit des tambours et des trompettes des français qui arrivaient enseignes déployées, crurent un instant que c'étaient leurs compatriotes victorieux qui venaient les délivrer: l'erreur fut bientôt reconnue, et la consternation succéda à la joie.

Le duc de Longueville, pressé d'en finir, ordonna d'attaquer de suite le château; Guitry fit approcher l'artillerie, qui battit en brèche la muraille. Après avoir fait tout ce qu'on pouvait attendre du courage le plus héroïque, Beauregard, comprenant qu'une plus longue résistance deviendrait inutile et ne servirait qu'à amener une nouvelle effusion de sang, se rendit avec Le Vieux et toute sa troupe, sans autre condition que d'avoir la vie sauve.

C'est ainsi qu'après cinq jours de combats, pendant lesquels les habitants de St-Amour trouvèrent dans leur fidélité et leur courage assez de force pour résister à une armée régulière, la ville et le château tombèrent au pouvoir des français. Le nombre d'officiers qui furent tués ou blessés du côté des assiégeants, prouve combien leur victoire fut chèrement achetée.

Le duc, après avoir mis garnison dans le château de Saint-Amour, attaqua immédiatement celui de Leubépin, qu'il prit et brûla ce même jour 2 avril, ne voulant pas sans doute affaiblir son armée en conservant cette nouvelle conquête.

« Par ainsi, dit la Gazette de France, dont nous avons exactement
« suivi le récit, l'armée que commande le duc, en cinq jours par sa sage
« conduite, a pris une ville et deux châteaux assez bons sur l'ennemi,
« lui a tué près de sept cents hommes, tant en la ville qu'à la campagne,
« et donné une grande terreur des armes du roi à tous ceux de la
« Franche-Comté (1). »

XIII.

Lorsque les français pénétrèrent dans Saint-Amour, leurs chefs essayèrent de préserver la place des désastres qui n'accompagnent que trop souvent la prise d'une ville à la suite d'un assaut sanglant. Mais leurs efforts furent impuissants, et notre malheureuse cité se vit abandonnée à toutes les horreurs d'une exécution militaire. La plupart des maisons, l'hôtel-de-ville, l'hôpital devinrent la proie des flammes. Les manufactures, les foules, les moulins, les usines, trente-et-une métairies qui s'élevaient sur le territoire de la ville, furent complètement détruits par la soldatesque, et surtout par les allemands qui servaient comme auxiliaires dans l'armée du duc de Longueville.

L'église paroissiale seule resta debout, au milieu des ruines qui l'entouraient, mais elle fut entièrement dévastée : elle devint le magasin des

---

(1) Gazette de France du 14 avril 1637.— Ce numéro, consacré entièrement au récit du siège et de la prise de Saint-Amour, forme quatre pages in-4° d'impression. On peut voir encore sur le combat de Cornod, celui de Sainte-Agnès et la prise de Saint-Amour, ce qu'en dit Girardot, de Nozeroy, écrivain contemporain. En sa qualité de co-gouverneur de la province et d'intendant-général des armées, il ne devait rien ignorer des évènements militaires, et sa narration ne diffère point de celle de la Gazette. Voyez histoire de Dix-Ans de la Franche-Comté de Bourgogne, édition de 1843, pages 158, 162, 163 et passim.

fourrages de la garnison ; on y mit les salpêtriers ; les soldats jetèrent sur les toits les balustres en pierre de taille qui environnaient la galerie du clocher, ce qui enfonça les voûtes et ne tarda pas à amener la ruine presque totale de l'édifice. Les habitants qui échappèrent au carnage se réfugièrent à l'étranger ; s'il faut en croire les mémoires du temps, trente familles seulement restèrent dans la cité dévastée. Vers 1645, quelques prêtres et quelques bourgeois commencèrent à rentrer dans la ville ; mais ce ne fut qu'après la paix des Pyrénées, en 1659, lorsque la Franche-Comté eut été restituée à l'Espagne, qu'on vit revenir les restes de la population émigrée (1).

Mais la ville de Saint-Amour, auparavant si florissante par son commerce, par son industrie et par sa population, ne s'est point entièrement relevée de sa chute, et peut-être ne retrouvera-t-elle jamais son ancienne prospérité.

XIV.

Que devinrent cependant les héros de cette glorieuse épopée de cinq jours : de Goux, Beauregard, Le Vieux, la châtelaine de Saint-Amour ?

De Goux périt sur la brèche de la mort des braves, et du moins il

---

(1) En 1682, une enquête ayant été ordonnée pour constater l'état de la ville avant le siège, un grand nombre de témoins furent entendus, sous la foi du serment ; quelques-uns donnèrent des détails intéressants sur la prise de la ville et les malheurs qui en résultèrent. Nous croyons devoir citer quelques passages de la déposition qui nous paraît la plus importante, soit par le caractère, soit par la position du témoin ; c'est celle de l'abbé Mercier, dont nous avons parlé dans notre récit, et qui tint pendant le siège une conduite si honorable. Ajoutons que les autres dépositions ne sont guère que la reproduction de la sienne.

« 12ᵐᵉ témoin. Messire Louis Mercier, prêtre, bachelier en théologie et chanoine de l'église
« collégiale de Saint-Amour, âgé d'environ 60 ans, dépose que la ville de Saint-Amour fut prise
« par assaut à la fin du mois de mars 1637, par l'armée du roi, commandée par le prince de Longue-
« ville, et qu'elle fut mise à la discrétion des soldats, et qu'icelui sieur déposant, portant les armes
« comme bourgeois, pour la défense de la ville, se retira avec un grand nombre d'habitants en
« l'église paroissiale, où lui seul évita la mort par un bonheur particulier, et vit, ayant été fait
« prisonnier et conduit dans la ville, un carnage si épouvantable, que tout y passa par le fer et par
« le feu, spécialement l'hôpital et les maisons près du château ; que les rues étaient couvertes de
« corps morts, meubles, hardes et papiers qui étaient jetés par les fenêtres des maisons que les
« soldats fourrageaient..... De plus, que s'étant retiré ensuite de ladite guerre, en Bresse et au
« duché, il n'était retourné dans ladite ville de Saint-Amour qu'en 1653, ainsi que la majeure
« partie des habitants faisaient, ladite ville ainsi que les couvents, même l'église paroissiale, ayant
« été abandonnés longues années et près de 15 ans, tant à cause de ladite désolation de la guerre,
« que par la peste qui régnait dans ce temps-là ; laquelle église paroissiale fut pillée jusqu'aux
« vitraux et reliques des saints patrons. »

L'original de cette enquête se trouve dans les archives de la ville.

n'eut pas la douleur de voir aux mains de l'ennemi, la place confiée à son courage et à sa fidélité.

Beauregard, prisonnier de d'Arpajon, ne recouvra la liberté qu'au prix d'une partie de sa fortune ; il paya 400 pistoles pour sa rançon.

Après six mois de captivité à Mâcon, Le Vieux, prisonnier de Guitry, se racheta au prix de 300 pistoles (1).

La châtelaine de Saint-Amour, avant le siège, n'était connue que par ses vertus de chrétienne, d'épouse et de mère; après le siège, elle rentra dans cette modeste obscurité de la vie domestique qui convient si bien aux femmes : on ne parla plus d'elle.

Si le siège de Saint-Amour avait eu pour théâtre la terre antique de la Grèce ou celle de l'Italie, la muse de l'histoire eût, de sa plume d'or, consacré les noms des défenseurs de l'héroïque cité, elle les eût gravés sur les tables du temple de la gloire. Puisse un jour un écrivain digne d'un si beau sujet, les tirer d'un injuste oubli ! En attendant, que les habitants de Saint-Amour leur conservent religieusement une place dans leurs souvenirs.

---

(1) Claude Le Vieux descendait de Désiré Vieux, qui était bailli de Saint-Amour lorsque Louis XI s'empara de cette ville, en 1477. Après la mort de Charles-le-Téméraire, Vieux, fidèle à la fille de son légitime souverain, refusa de prêter serment au monarque français ; il fut banni et dépouillé de ses biens. Mais plus tard, la princesse Marie étant rentrée en possession de l'héritage de son père, Vieux recouvra sa fortune et sa place. En 1500, Philippe-le-Beau, fils de Marie, ayant réorganisé le Parlement du comté de Bourgogne, donna à Vieux une place de conseiller et lui accorda des lettres de noblesse ; il est, je crois, le premier bourgeois de Saint-Amour qui en ait obtenu.

En 1598, l'intendant de la province de Bourgogne délivra à Philibert Le Vieux, fils du brave Le Vieux, des lettres de reconnaissance de noblesse, dans lesquelles la belle conduite de son père, lors du siège de Saint-Amour, est rappelée.

Voici la copie de la quittance délivrée à Claude Le Vieux, par le marquis de Guitry.

« Je, seigneur de Guitry, conseiller du roi en son conseil, capitaine de cinquante hommes « d'armes de son ordonnance, maréchal de camp aux armées de Sa Majesté, confesse avoir reçu « de Claude Le Vieux, prins prisonnier de guerre au château de Saint-Amour, la somme de quinze « cents livres, pour la moytié de la rançon à laquelle il a esté cottisé, de laquelle somme suis « contant.

« Mascon vingtsiesme aouts, mil six cents trante sept. GUITRY. »

L'original de cette quittance est entre les mains de M. de Guelle, ancien maire de St-Amour, dans la famille duquel celle des Le Vieux s'est éteinte par les femmes.

www.ingramcontent.com/pod-product-compliance
Lightning Source LLC
Chambersburg PA
CBHW070427080426
42450CB00030B/1821